AFRIKA WUNDERHORN

Reihe für zeitgenössische afrikanische Literatur
Herausgegeben von Indra Wussow

CHIRIKURE CHIRIKURE

AUSSICHT AUF EIGENE SCHATTEN

ENGLISCH–DEUTSCH
DEUTSCH VON SYLVIA GEIST

AFRIKAWUNDERHORN

© 2011 Chirikure Chirikure
© 2011 Verlag Das Wunderhorn GmbH
Rohrbacherstraße 18
D-69115 Heidelberg
www.wunderhorn.de

Abbildung Seite 2: © 2011 Autorenarchiv Susanne Schleyer

Gestaltung: ⓢ sans serif, Berlin
Druck: Fuldaer Verlagsanstalt, Fulda
Umschlagabbildung: Fotocollage A. Hofmann
ISBN 978-3-88423-368-9

INHALT

NZVIMBO DZEMUMABHUKU

PLACES FOUND IN FICTION

wese andaita mahwekwe naye
mubvunzo ndiwo mumwe chete:
kwakadini kwamanga mapota?

mhinduro ndiopa yepasi pemoyo:
kutaura zvese handingakwanisi,
zvakapinda mumusoro
zvinozadza dura

vose vanozoita kunge vapatika
    kyuhope,
vobvunza zvakare, uso vakasunga:
gara zviya ndepiko kwawaiva?

Handinonoki kudzora mhinduro:
ndaiveko kunyika yemutsindo,
kumatuhnhu emuzinda we
    Timbouctou.

vese vanokapaza misoro
    semabhuru,
vopfipfidza vachinwa rukweza
    rwavo:
nzvimbo dzakadaro
ndezdzemumabhuku chete.

ndinotsikisira wangu musoro
    pasi,
ndozvipodza hana nemashoko
    mumoyo:
ndakakomorerwa ndakazvionera
    pamhino sefodya.

every face encountered
the same question
about places I have been to

only the heart answers
the mouth is feeble, but
what is in the heart fills the granary

with dreamy faces, incredulity
they pose more questions of wonder
asking again about where I have
    journeyed

I answer promptly:
I was in the land of silent echoes
in the sands of the ancient
    Timbouctou

they shake their heads like bulls
laughing in mockery as they drink:
    such places are only of fiction

I bow my head
consoling my heart with soothing
    words:
the blessing in the heart is mine

ORTE, GEFUNDEN IN DER ERFINDUNG

jedes Gesicht hielt mir
dieselbe Frage entgegen
über die Orte, an denen ich war

bloß das Herz antwortet
der Mund ist kraftlos, aber
das im Herzen füllt die Kornkammer

mit träumerischen Gesichtern,
während sie, blanker Unglaube, abermals
fragen, wohin die Reise ging

ich antworte prompt:
ins Land der verschwiegenen Echos
an die Sandufer des antiken Timbuktu

sie schütteln die Köpfe, ochsenhaft, lachen
prosten mir höhnisch mit imaginären Gläsern zu:
solche Orte sind doch nur erfunden

ich senke den Kopf
tröste mich mit lindernden Worten:
die Herzensfreude ist auf meiner Seite

MR HEADMASTER

(For my father, retired headmaster.)

It just so happened on that particular day
That he took a very close look at the pantry
After days of incessant reminders from the wife
That the family was on the brink of starvation
And, for sure, he noticed: the pantry was bare

Not that he was an irresponsible family man
Not at all, very far from that.
His schedule was too hectic, too packed
For him to spare a full afternoon
To cycle from the school to the nearest shop

What with teachers needing supervision
Students dependent on his presence
Parents always asking for advise
Priest seeking solidarity in guiding the flock?
All this load, each day of the week!

So it happened on that particular day
That he looked at the pantry and felt remorse
Without giving it a second thought
He rumbled instructions to his deputy
Then quickly tore off on his well kept bicycle

A full hour he needed, at maximum speed
To reach the source of his salvation
Another hour and half he needed, for return
What with a full load and the steep gradient
But it had to be done: responsibility beckoned

HERR REKTOR

(für meinen Vater, Schulrektor im Ruhestand)

Es geschah an genau diesem speziellen Tag, und zwar
Dass er einen eingehenden Blick in die Speisekammer warf
Nach Tagen unablässiger Ermahnungen durch seine Frau
Die Familie sei kurz vorm Verhungern
Jedenfalls, er stellte fest: die Kammer war leer

Nicht, dass er ein pflichtvergessener Familienvater gewesen wäre
Überhaupt nicht, weit entfernt davon.
Sein Tagesablauf war zu hektisch, sein Stundenplan zu voll
Als dass er einen ganzen Nachmittag hätte erübrigen können
Um von der Schule zum nächstgelegenen Laden zu radeln

Was mit den Lehrern, die Anleitung brauchten
Den Schülern, die auf seine Gegenwart angewiesen waren
Den Eltern, die immer um Rat fragten
Dem Priester, der um Hilfe ansuchte beim Hüten der Schäfchen
All diese Lasten, an jedem Tag der Woche!

Also geschah es an diesem speziellen Tag
Dass er in die Speisekammer sah und Gewissensbisse verspürte
Ohne noch lange hin- und her zu überlegen
brummte er seinem Stellvertreter ein paar Anweisungen zu
Und dann nichts wie rauf auf sein gut erhaltenes Fahrrad

Eine volle Stunde brauchte er, bei Höchstgeschwindigkeit
Um zur Quelle seiner Rettung zu gelangen
Noch einmal anderthalb Stunden für den Rückweg
Dies vollbeladen und über einen steilen Hang
Doch es musste erledigt werden: die Pflicht rief

He glided on the dusty path like a kite
His jacket and tie flapping like wings
The wind smoothly sweeping his glasses
Villagers waving enthusiastic greetings
Even attempting to stop him for a handshake

Nothing beats determination and focus
He made it to the remote shop in time
Got almost everything he wanted
Paid and packed the stuff in a sack
And secured the booty on the bicycle

Just as he was about to take off
His eye caught a trail of dust
No doubt, a bicycle in full flight
Coming from the school direction.
It was obvious: he was wanted urgently!

He shot on the dusty path like a bullet
His jacket and tie flying like sparrows
The wind threatening to rip his glasses apart
Villagers shacking heads in disbelief
Even arranging to follow him to get details

It just so happened on that particular day
That the all powerful schools inspector
The eye, ear and mouth of the government
Like all things in the colonial system of the day
Paid a surprise visit to the schools in the area

Nothing beats will-power and stamina
He made it to the school in record time
His heart racing and sweat dripping
But with his priced sack half open
And some of his booty lost in the process

Er glitt über den staubigen Pfad wie ein Drachen
Jacket und Krawatte flatternd wie Flügel
Die Brillengläser sachte abgewischt vom Wind
Von den Dörflern, schon drauf und dran, ihn aufzuhalten
für einen Handschlag, mit begeistertem Winken gegrüßt

Nichts geht über Entschlossenheit und Konzentration
Er schaffte es rechtzeitig zum abgelegenen Laden
Bekam fast alles, was er wollte
Zahlte, packte das Zeug in einen Sack
Und zurrte die Beute auf dem Drahtesel fest

Gerade als er fertig zur Abfahrt war
Erhaschte sein Blick einen Schweif aus Staub
Kein Zweifel, ein Fahrrad im Anflug
Vom Direktorium der Schule kommend:
Klar, er wurde gesucht, dringendst!

Wie eine Kugel schoss er über den staubigen Weg
Von Jacket und Krawatte sperlingshaft umflattert
Seine Brille in Gefahr, vom Wind fortgerissen zu werden
Von wissbegierigen Dörflern, schon drauf und dran
Ihm zu folgen, mit ungläubigem Kopfschütteln bedacht

Es geschah also an diesem speziellen Tag
Dass der allmächtige Schulinspektor
Ohr, Auge und Sprachrohr der Staatsgewalt
Wie auch alles Übrige im kolonialen System der Zeit
Den Schulen der Gegend einen Überraschungsbesuch abstattete

Nichts geht über Willenskraft und Durchhaltevermögen
Er schaffte es in Rekordzeit zur Schule
Mit rasendem Herzen und schweißtriefend
Doch unter Preisgabe eines Teils der Beute
Die er im Galopp aus dem halboffenen Sack verlor

Just as he was heading towards his office
His eye caught a thick cloud of dust
No doubt, a motor vehicle in full flight
Going back to wherever it came from.
It was obvious: the schools inspector had left

He headed straight to his white- washed office
Dumped the bicycle like one casting away a demon
Kicked the office door with a bang that shook the school
Lept inside, banged the door close, then locked it
All went quiet, except for the hiss from the punctured bicycle

All his sweat with the teachers' supervision
All his passion for the students' success
All the detailed attention to parents' matters
All the support to the priest's shepherding
All that is gone, blown away just like that!

It just so happened that on that particular day
The deputy headmaster was with the priest
At that very moment the schools inspector arrived
And he asked a few cursory questions about the school
Then spent his stay talking European matters with the priest

Eben als er volle Kraft voraus Kurs auf sein Büro nahm
Erhaschte sein Blick eine dicke Staubwolke
Kein Zweifel, ein Kraftwagen im Tiefflug
Auf dem Weg dorthin, woher auch immer er gekommen war:
Klar, der Inspektor hatte eben die Schule verlassen

Er hielt auf sein geweißeltes Büro zu
Schmiss das Fahrrad hin, wie man einen Dämon von sich stößt
Trat gegen die Bürotür, dass der Krach das Schulgebäude erschütterte
Stürzte ins Zimmer, knallte die Tür zu und schloss ab
Alles hielt den Atem an, bis auf den löchrigen Fahrradschlauch

All sein Schweiß um die Anleitung der Lehrer
All seine Leidenschaft für den Erfolg der Schüler
All das Eingehen auf die Anliegen der Eltern
All die Unterstützung des schäfchenhütenden Priesters
All dies ist verloren, verweht, einfach so!

So geschah es an diesem speziellen Tag, dass der Stellvertreter
Mit dem Priester zusammensaß, just in dem Moment, als der Inspektor
Auf der Bildfläche erschien und ein paar oberflächliche Fragen stellte
In Sachen Schule. Den Rest seines Aufenthalts widmete er einem
Schwatz mit dem Priester, über europäische Angelegenheiten

SLIDING GAME – MUTSERENDENDE

Every little boy in my village
Can describe with joy and pride
How you play the mutserendende game

You chop a healthy munhanzva tree
Cut the branches off the stem
Then drag the log up a mountain

Like Jesus Christ on a donkey
You mount the log, holding tight
Then, woosh, you zoom down

It's so fast and furious
Eyes closed, breath held
You surrender all to fate

You land with a big thud
Your backsides tattered
Bleeding in hot ecstasy

So do many among us
Leading life fast and furious
Landing with tattered, bleeding souls

RUTSCHENDES SPIEL

Jeder kleine Junge in meinem Dorf
Kann mit Freude und Stolz beschreiben
Wie du das *Mutserendende*-Spiel spielst

Du fällst einen gesunden Munhanzvabaum
Hackst die Äste vom Stamm
Schleifst den Klotz bergan

Wie Jesus Christus einem Esel
Sitzt du auf, hältst dich fest
Und rauschst dann, zooom, bergab

So rasend schnell
Die Augen zu, den Atem an
Gibst du dich dran an dein Geschick

Landest mit dumpfem Schlag
Hart auf blauen Hinterbacken
Blutend, hitzig, taumelig

Genau so machen es viele von uns
Rasend schnell leben
Landen mit blauem, blutendem Ich

HEAD

a toe has a head
which lives in comfort
of smelly socks and shoes

a toe has a head
which only gets cleaned
when the human head intervenes

KOPF

ein Zeh hat einen Kopf
der haust behaglich
in stinkigen Socken und Schuhen

ein Zeh hat einen Kopf
der nur gewaschen wird
wenn der Menschenkopf sich einmischt

MY SIDE

this side up
that side down

this side up
my side up

my side up
your side down

gosh, you twit
can't you read?

2 November 2004

MEINE SEITE

diese Seite rauf
jene Seite runter

diese Seite rauf
meine Seite rauf

meine Seite rauf
deine Seite runter

Mensch, du Idiot
kannst du nicht lesen?

CHICKEN AND EGG

it is pretty obvious:
chicken comes from egg
egg comes from chicken

you can add chicken to cooked egg
or add egg to cooked chicken
and it always works out well

but you don't have to be gross
and mix cooked chicken
or add to cooked egg
chicken's fluffy feathers
to make the point that
egg is chicken, chicken is egg

chicken comes from egg
egg comes from chicken
and life goes on and on

HUHN UND EI

es ist doch ziemlich offensichtlich:
Huhn folgt aus Ei
Ei folgt aus Huhn

du kannst Huhn zu gekochtem Ei geben
oder Ei zu gekochtem Huhn
und es wird stets etwas Gutes dabei herauskommen

aber sei nicht so geschmacklos
und mische unter gekochtes Huhn
oder gib zu gekochtem Ei
die flaumweichen Federn des Huhns
um der Behauptung willen
Huhn sei Ei, Ei sei Huhn

Huhn folgt aus Ei
Ei folgt aus Huhn
und das Leben geht weiter und weiter

SIYAI AKADARO

musiyei akadaro mwana uyu
siyai apedze shungu dzake
ndizvo zvinoita chinhu chitsva
ndiwo chaiwo maitiro acho

siyai akadaro nebhora rake
aribanhire mudenga
arirovere kumadziro
arinzvengese mujecha

siyai aritunge nemusoro
aripotsere nemaoko
arigumbatire serusvava
ariyeve rakazorora zvaro

musiyei mwana nebhora
zuva parinozorova nhongonya
anenge otoita zvekutochechuka
kuyeuka kuti gara ndine bhora

siyai zvakadaro, hama dzangu
inga kana vakuru ndizvo zvimwe
vacherechedzei pose pose
paya pavanopiwa zvigaro

LEAVE THE BOY BE

leave the boy to his devices
let him satiate his appetite
it's always like this with a new to
that is how it always happens

give him free reign with the ball
let him kick it high into the air
and against the wall
watch him dribble imagined rivals
on the sand

see him head the ball
throw it by hand
and wrap himself around it like a
doting mother
see the glee in his eyes as he
savours the moment

leave the boy to play ball
when the sun hits the spot that
once was his fontanel
his obsession with the ball might
be less intense
his mind only remotely
remembering the ball

friends and compatriots, leave it
like that
who is he to be different
even adults succumb to the novelty
of new toys
watch them each time society
elevates them

LASST DEN JUNGEN

lasst den Jungen machen
lasst ihn seinen Appetit befriedigen
so geht es immer mit einem neuen Spielzeug
das spielt sich ständig ab

lasst ihn frei herrschen über den Ball
lasst ihn das Ding hoch in die Luft kicken
und gegen die Mauer
schaut zu, wie er imaginäre Gegner in Grund und Boden dribbelt

seht ihn den Ball köpfen
ihn schleudern mit der Hand
und umschlingen wie eine kindische Mutter
seht die Fröhlichkeit in seinen Augen, wie er den Moment auskostet

überlasst den Jungen dem Ballspiel
wenn die Sonne auf die Stelle einhämmert, die einst seine Fontanelle war
mag seine Besessenheit nachlassen
sein Gemüt nur von fern noch den Ball erinnern

Freunde und Landsleute, belasst es dabei
wer ist er, anders zu sein
auch Erwachsene erliegen dem Reiz neuer Spielzeuge
schaut, Gesellschaft bringt zu jeder Zeit welche hervor

DIRECTIONS

here I am
sitting on this globe
rotating
east, west
east, west

here I am
floating on this earth
shifting
east, west
west, east

here I am
watching my people ordered
look east
no west
look east

and there I stand
born, bred,
drilled to read,
write
think
dream
from left
to right

ZURICHTUNGEN

hier bin ich
hocke auf diesem Globus
drehbar
ostwärts, westwärts
ostwärts, westwärts

hier bin ich
treibe über diese Erde
wandelbar
ostwärts, westwärts
westwärts, ostwärts

hier bin ich
sehe mein Volk angehalten
ostwärts zu schauen
nicht westwärts
ostwärts

und da stehe ich
geboren, gezogen
gedrillt aufs Lesen
Schreiben
Denken
Träumen
von links
nach rechts

KNOBKERRIE

We undertook this long journey
You, leading the way in this jungle
Wielding that ancestoral knobkerrie
Passed on to us by our departed *sekuru*

With ernomous pride and gentle dignity
You cleared lions and jackals off the path
And clobbered game for us to feast enroute
As we covered mile after mile with ease

We went over mountains and valleys with ease
Until you wielded the knobkerrie against me
In a heated quarrel over which direction to take
And the heritage slipped, falling down the cliff

Does it really matter now
Whether to go left or right
When jackals are licking the knobkerrie
As it lies forlorn in the valley, head down?

STOCK

Auf dieser langen Reise, die wir unternahmen
Bahntest du den Weg in den Dschungel
Den ererbten Stock unseres dahingegangenen
Sekuru in der Hand, warst du uns voraus

Ausgesprochen selbstbewusst, dabei vornehm, ja würdevoll
Räumtest du den Pfad von Löwen und Schakalen
Und schlugst das Jagdspiel für unsere Unterwegsbankette
Während wir Meile für Meile mit Leichtigkeit nahmen

Wir gingen über Berge und durch Täler mit Leichtigkeit
Bis du in einem hitzigen Streit über die Richtung
In die es gehen sollte, den Stock gegen mich erhobst
Dir das Erbstück entglitt und die Klippe hinunterfiel

Macht es jetzt wirklich einen Unterschied
Ob es nach links oder rechts hätte gehen sollen
Wenn Schakale den Stock bespeicheln
Der verloren im Tal liegt, knaufüber?

WE ONLY PRAY

you cursed the ancestors
and in return, they cursed us all

we won't see a single rain cloud
until we brew a pot of appeasement beer

but we won't count you in the process:
you have neither the grain nor the brewing skill

we only pray that, once the rains fall, and we harvest,
you won't parade your nakedness again at beer parties

WIR BETEN BLOSS

du verfluchtest die Ahnen
und im Gegenzug verfluchten sie uns alle

keine einzige Regenwolke sollten wir zu sehen bekommen
bis wir ein Fass Besänftigungsbier gebraut hätten

doch für diese Arbeit zählen wir nicht auf dich:
du hast weder das Korn zum Brauen noch eine Ahnung davon

wir beten bloß, dass, wenn einmal die Regenzeit kommt und wir ernten
du nicht wieder splitternackt durch die Bierzelte paradierst

RUNONZI RUDO

mushonga,
   ndairutsiswa
nyota,
   ndainwa mvura
chivi,
   ndaireurura
ngozi,
   ndairipa
  zvino urwu,
    runonzi rudo

THIS IS LOVE

poison
   there would have
     been an antidote for it
thirst
   a glass of water would have
     quenched it for sure
sin
   I would have confessed
an avenging spirit
   I would have appeased
but this
   this, my friend, is love

DAS IST LIEBE

Gift
    dagegen hätte es ein Mittel gegeben
Durst
    ein Glas Wasser hätte ihn mit Sicherheit gelöscht
Sünde
    ich hätte sie bekannt
ein rachsüchtiges Gespenst
    ich hätte es begütigt
aber das hier
    das, mein Freund, ist Liebe

MOONLIGHT

Let's dance the *muchongoyo* dance
Under the careful watch of the moon

Let's give the dance all our hearts
For the moon only comes but at night

Let's shake to the drums, sweating joyously
For, when the sun comes in the morning
It will take away the moon's soft, cool light
Crowning the day with blazing, golden arrows
Which tear apart the spirit that drives *muchongoyo*

MONDSCHEIN

Tanzen wir den *Muchongoyo*
Unter dem scheelen Blick des Mondes

Tanzen wir uns die Seele aus dem Leib
Dass der Mond nur nachts erscheine

Trommeln wir, mit Freuden schwitzend
Bis die Morgensonne dieses flaue, kalte
Mondlicht fortschafft der Tag mit der Krone
Aus lodernden goldenen Pfeilen das Gespenst
Zerfetzt, das uns in den *Muchongoyo* treibt

MEMORIES

the music we play
    (doesn't matter which type)

the dance we dance
    (doesn't matter what style)

the drink we drink
    (doesn't matter which kind)

the sweat we sweat
    (doesn't matter what amount)

will cleanse our souls
leaving bitter memories
of those who missed it all
while licking wounds in fuel queues

ERINNERUNGEN

die Musik, die wir spielen
  (egal welche Art)

der Tanz, den wir tanzen
  (egal welcher Stil)

der Drink, den wir nehmen
  (egal welche Sorte)

der Schweiß, den wir schwitzen
  (egal welches Quantum)

werden unsere Psyche schon entschlacken
ausschlämmen die bitteren Erinnerungen
an diejenigen, die das alles verpasst haben
überm Wundenlecken und Schlangestehen

CHOICES

you have one plate:
    You will eat in one plate

you have several plates of same type:
    You may eat in different plates of the same time

you have many plates of different types:
    you may eat in various plates of different types

it is only those with no plates at all in life
who will keep licking the very same fingers
different as they may be in each individual hand

AUSWAHL

du hast einen Teller:
    Du wirst von einem Teller essen

du hast eine Reihe Teller von einer Art:
    Du darfst von verschiedenen Tellern auf einmal essen

du hast viele unterschiedliche Teller:
    Du darfst von diversen Tellern auf unterschiedliche Art essen

nur der mit überhaupt keinen Tellern sein Lebtag
wird immer dieselben Finger ablecken
so unterschiedlich die auch sind an jeder einzigartigen Hand

SMOKE, DUST, TEAR GAS

imi amai – mother
in the solid, thick, choking smoke
there in your leaking, tiny, rickety hut
you could still steer the black, cracked pot
    nourishing the burdened family's future

imi amai – mother
in the heavy, belching clouds of dry dust
there in your tired, barren patch of rocky land
you could still tender the grey, shrivelled crops
    weeding the way to the starving family's future

imi amai – mother
in the crude, suffocating thunder of enemy tear gas
there in your tense neighbourhood turned into battlefields
you could still see the damp, blood-socked secret paths
    shuttling to give direction and inspiration to the cause

imi amai – mother
in the perfume, tobacco, alcohol and laughter fumes
there in the extensive, excited victory celebration parties
your eyes could stretch beyond the beaming rainbow
    knowing that this only but a seed germinating

imi amai – mother
after all the blinking, coughing and panting
shall the lungs of your battered, strained soul
continue to live on a diet of smoke, dust and tear gas?
shall the soul of your strained, watery eyes
remain clutching the straws of blurry, convoluted dreams?

RAUCH, STAUB, TRÄNENGAS

imi amai – Mutter
im kompakten, dichten, kokenden Rauch
dort in deiner lecken, wackligen kleinen Hütte
konntest du immer noch über den schwarzen, gesprungenen Topf
    herrschen
    die belastete Zukunft der Familie füttern

imi amai – Mutter
in den schweren, rülpsenden, trockenen Staubwolken
dort in deinem müden, öden Flecken Felsenlands
konntest du immer noch die grauen, verschrumpelten Feldfrüchte
    anbieten
    den Weg zur verhungernden Zukunft der Familie jäten

imi amai – Mutter
im rohen, erdrückenden Donner feindlichen Tränengases
dort in deiner angespannten, in ein Schlachtfeld verwandelten
    Nachbarschaft
konntest du immer noch blutbestrumpft über die dunstigen
    Geheimpfade
    pendeln, um dem Streit Richtung und Inspiration zu verleihen

imi amai – Mutter
in den Schwaden von Parfüm, Tabak, Alkohol und Gelächter
damals bei den ausgedehnten, aufgeregten Siegesfeiern
reichte dein Blick über den Strahlenmast des Regenbogens hinaus
    wissend, dass der nur ein Körnchen ist, das keimt

imi amai – Mutter
nach all dem Blinkern und Husten, all dem Ringen nach Luft
soll deine zerschlagene, erschöpfte Seele weiter
Rauch, Staub und Tränengas atmen
angestrengten, tränenden Auges an die Strohhalme
verschwommener, verworrener Träume geklammert?

STOLEN LIGHT – CHIMANIMANI

Up there in the land of my mother's ancestors
Stand the imposing, mighty, Chimanimani mountains
Their summit wearing a crown of thick grey mist

On that summit sits some jagged dull rocks
Year in, year out, squatting under the mist's shadow
With no single hope of seeing their own shadows

One feels compassion, feels like making a prayer
For, how can such innocent pieces of creation
Spend a whole life without sight of their own shadow?

But, how can one make a plea with their creator
When shadows are just but stolen light ?
When shadows are just but denied light?

But, shall one just stand aside and watch
While the mist robs the rocks of their light?
While the mist blankets them with its own shadow?

GESTOHLENES LICHT

Da oben im Land meiner Vorfahren mütterlicherseits
Stehen die mächtigen Chimanimaniberge
Die Gipfel unter einer dicken grauen Nebelkrone

Und auf diesem Gipfel ein paar schartige, stumpfe Felsen
Jahraus, jahrein kauern sie unter dem Schatten des Nebels
Ohne jede Hoffnung auf ihre eigenen Schatten

Man fühlt mit ihnen, möchte beten für
Solche Teile der Schöpfung, die schuldlos
Ohne Aussicht auf ihren Schattenwurf bleiben

Nur, wie kann man an ihren Schöpfer appellieren
Wenn Schatten nichts als gestohlenes Licht sind?
Wenn Schatten nichts als verneintes Licht sind?

Nur, wie soll man dabeistehen und sich heraushalten
Aus dem Nebel, der den Felsen ihr Licht stiehlt?
Dem Nebel, der sie mit seinem Schatten erdrückt?

KUNYOROVA

Chirongo chemvura chikadeuka
Mvura inonyorovesa uriri
    hwemba
Denga reimba richisara zvaro
    rakaoma
Kunze kwekunge paita
    azorikupira mvura

Mvura yekudenga ikaturuka
Ikanaya zviya zvine mutsindo
Denga reimba richinge riri
    zinyeke-nyeke
Zvese denga neuriri zvinoti
    chaka chaka

Mvura yepasi
Usaikupire kudenga
Mvura yekudenga
    idzivirire kune zviri pasi

ON BEING WET

When the clay pot falls and
    breaks
The water makes the floor wet
But the roof stays dry
Unless someone directs
    water at it

When the rain falls from the
    sky
If it comes down in a heavy
    storm
And if the grass-thatch roof is
    leaky
Both the roof and the floor
    become soaking wet

Use not your palms
To scoop the water skywards
But protect everything
    vulnerable
From the waters of the sky

ÜBERS NASSWERDEN

Wenn der Tonkrug umkippt und zerbricht
Wird der Boden wassernass
Aber das Dach bleibt trocken, es sei denn
Jemand dirigiert das Wasser dort hinauf

Stürzt Regen vom Himmel
Etwa bei einem schweren Sturm
Und das Grasdach ist leck
Triefen Dach wie Boden

Benutze deine Hände nicht
Um das Wasser himmelwärts zu schaufeln
Schütze besser alles Gefährdete
Vor den Himmelsgewässern

SHUMBA NEUSWA

kana
yashaya nyama
yasvika pakuomerwa
yasvika pakutambura
shumba inodya uswa

ndiwo maitiro ayo

kana
yasangana nazvo zvese
zvese panguva imwe
zvese nyama neuswa
shumba inodya nyama

ndiwo maitiro ayo

kana
iwe ukazozvitarisisa
uchaona zviri pachena
dambudziko nderimwe
uswa hahuna makumbo

ndiwo masikirwo ahwo

THE LION AND THE GRASS

if
it catches no game
if things get tricky
and it finds itself in dire
    circumstances
a lion will eat grass

that's what it does

if
it is spoilt for choice
but must choose between
lush green grass and a fresh kill
the lion will choose the meat

that's what it will do

if
you take time to think about it
you will reach the inevitable
    conclusion
that things are always that way
the grass has no legs to run

that's the fate of grass

DER LÖWE UND DAS GRAS

wenn
er nicht weiß, was gespielt wird
wenn die Dinge anfangen, heikel zu werden
und er sich in widrigen Umständen wiederfindet
frisst der Löwe Gras

genau das tut er

wenn
er die Qual der Wahl hat
sich aber entscheiden muss zwischen
saftig grünem Gras und frischer Jagdbeute
wird der Löwe das Fleisch wählen

genau das wird er tun

wenn
du dir Zeit nimmst, darüber nachzudenken
wirst du zu dem unausweichlichen Schluss kommen
dass dies in der Natur der Dinge liegt
und Gras keine Beine hat

das ist die Natur von Gras

PRONOUNCEMENT

the old woman sat
like a lone tree in a desert
slowly, gently
going over it again and again:
why her children?
why? why?

then she sighed, gravely
pronouncing, like a prophet:
if this revolution devours some children
not all
then some mothers will choose not to bear any

VERKÜNDIGUNG

die alte Frau saß
allein wie ein Baum in der Wüste
ließ langsam, sachte
ihre Gedanken kreisen, wieder und wieder:
warum ihre Kinder?
warum? warum?

schließlich seufzte sie schwer
wie eine Prophetin und verkündete:
wenn diese Revolution manche Kinder verschlingt
und manche nicht
werden so manche Mütter keine mehr tragen

VILLAGE MYSTERY

(for Muzukuru Mawire)

Muchoni is not a veteran of the struggle for independence
He is not at all an ex-combatant, a national liberation hero,
And, for sure, he never claims to be one, or even suggests so,
For, he can at least tell the differenc e between a gun and a spoon
But, that's as far as it goes: he can't tell a pistol from a riffle,
Yet, for so very many reasons, he still remains the village mystery.

Muchoni, in deed, disappeared from the village way back
Far way back before everyone else sneaked to the struggle
Disappearing only clad in shorts, t-shirt and snikkers
Leaving his widowed mother and the village in a trance
A trance which only got shaken so many years later
When a trickle, then dozens, began to leave for the struggle.

Muchoni disappered, way before the struggle was an idea
Only returning as independence was getting to be a reality
The freedom fighters happily getting de-mobilised
The villages full of joviality, pomp and merriment
Bleeding wounds and scars being subcosciously subdued
In anticipation of total freedom, come election day

Muchoni stared at the breeze of the moment
But keeping himself to himself most of the time
Fully conscious that in all that glorious funfare
There were a few whispering behind his bended back:
How come he returned with bare clothes?
How come he speaks a strange dialect?

DORFGEHEIMNIS

(für Muzukuru Mazwire)

Muchoni ist kein Unabhängigkeitsveteran
Er ist überhaupt kein Ex-Kämpfer, kein nationaler Freiheitsheld
Und er hat bestimmt nie behauptet, einer zu sein, oder das jemals
    vorgegeben
Denn er kann zwar ein Gewehr von einem Löffel unterscheiden
Aber das ist schon alles: Pistole und Büchse auseinanderhalten kann
    er nicht
Dennoch, aus vielerlei Gründen bewahrt er immer noch das
    Dorfgeheimnis

Tatsächlich verschwand Muchoni vor langem aus dem Dorf
Lange bevor jeder andere sich zum Kampf schlich
Verschwand er, nur mit Shorts, T-Shirt und Turnschuhen bekleidet
Ließ seine verwitwete Mutter allein und die Gemeinde in ihrer Trance
Einer Trance, aus der sie erst viele Jahre später aufgerüttelt wurde
Als der Aderlass weiterging und Dutzende im Kampf versickerten

Muchoni verschwand, lange bevor der Kampf ein Begriff war
Und kehrte erst zurück, als Unabhängigkeit eine Realität wurde
Die Freiheitskämpfer wurden glücklich außer Dienst gestellt
Die Dörfer strotzten von Jovialität, Pomp und Frohsinn
Wunden und Narben schlugen ins Unterbewusstsein durch
In einer Vorwegnahme völliger Freiheit kam der Wahltag

Muchoni beäugte die Schönwetterlage des Moments
Blieb aber die meiste Zeit für sich
Wohlwissend, dass in diesem gloriosen Jahrmarktsgetöse
Einige hinter seinem gebeugten Rücken tuschelten:
Wie kam er mit nichts als den Kleidern am Leib zurück?
Wieso spricht er in einem fremdartigen Dialekt?

Muchoni listened to war veterans and collaborators
Posturing about how they vanquished the colonialist
Muchoni listened to the well polished politicians
Preaching about the virtues of patriotic sacrifice
Muchoni watched as mothers licked wounds
Wounds bleeding with no one attending to them

Muchoni still listens, watches and feels
Wounds still bleeding fresh, raw blood
Decades after the victory song was sang and buried
But he now keeps himself to himself all the time
And the village elders whisper to him in desperation:
We need your story, before it's too late.

Muchoni hörte Veteranen wie auch den Mitläufern zu
Die sich als Sieger über die Kolonialen in Positur warfen
Muchoni hörte die Lackaffen von Politiker
Die Tugend patriotischer Aufopferung predigen
Muchoni sah Mütter Versehrte verbinden
Nicht zu verbindende Versehrungen weiternässen

Muchoni hört immer noch zu, sieht und fühlt
Aus den Wunden frisches, wundes Blut bluten
Jahrzehnte, nachdem der Sieg besungen und begraben ist
Aber er bleibt nun stets für sich, die ganze Zeit
Während die Dorfältesten ihm verzweifelt zuflüstern:
Wir brauchen deine Geschichte, bevor es zu spät ist

THE PEOPLE

the speaker huffed and puffed
extolling the virtues of the people's party
but the people remained mum in the blazing sun

the speaker changed gears smoothly
now humbly begging the people to vote for him
but the people remained mum in the blazing sun

then the speaker went another gear up
starting a revolutionary song in a shameful discord
but the people remained mum in the blazing sun

now sweating, the speaker stopped mid-way
with a shivering hand, he waved the people ›bye-bye‹
and the people started singing about broken promises

the following morning's paper carried the news:
the gallant son of the revolution had decided to retire
paving way for the young, for the sake of the people

DAS VOLK

der Lautsprecher machte viel Wind
um die löbliche Tugend der Volkspartei
aber die Leute standen stumm in der glühenden Sonne rum

der Lautsprecher wechselte problemlos die Tonart
nun bettelte er das Volk demütig um Stimmen an
aber die Leute standen stumm in der glühenden Sonne rum

da drehte der Lautsprecher erst richtig auf
setzte mit einem peinlichen Krächzer zum Revolutionslied an
aber die Leute standen stumm in der glühenden Sonne rum

schon am Schwitzen, hielt der Lautsprecher mittendrin inne
winkte dem Volk mit zittriger Hand ein »Bye-bye«
und die Leute begannen etwas über gebrochene Versprechen zu trällern

am nächsten Morgen brachten die Zeitungen etwas Neues:
der ritterliche Sohn der Revolution habe entschieden, sich zur Ruhe
    zu setzen
den Weg frei zu machen für die Jungen, zum Wohle des Volkes

WHAT'S THE POINT?

if it surely takes
a generation's lifetime
chanting emotional slogans
to prove our national manhood
while the love nest is yawning, empty
what then is the point, my dear brothers?

WO IST DER WITZ?

wenn wir ungefähr
eine ganze Generation lang
ergreifende Parolen herleiern müssen
um die Mannbarkeit unserer Nation zu beweisen
während im Liebesnest gähnende Leere herrscht
wo ist da der Witz, meine lieben Brüder?

.

SHEBEENS

shebeens run dry of
affordable beers

shebeens never run dry of
sharp, witty jokes

until that unlikely day
earth will run dry of politicians

SCHWARZE KNEIPEN

schwarzen Kneipen geht
das erschwingliche Bier aus

schwarzen Kneipen geht nie
der beißende, geistreiche Witz aus

bis zu dem unwahrscheinlichen Tag
an dem dieser Erde die Politiker ausgehen

THE BELL

when it's time to begin
    ring the bell

when it's time to stop
    ring the bell

but don't let the devil possess you
and ring that bell in mid-session

you will create a big mess
and earn a tattered image

DIE GLOCKE

wenn es Zeit ist anzufangen
    läute die Glocke

wenn es Zeit ist aufzuhören
    läute die Glocke

aber sei nicht des Teufels
und läute diese Glocke mitten in der Sitzung

du wirst Sturm säen
und ein angeschlagenes Image ernten

FROM THE SIDELINES

we watched from the sidelines
hundreds of them marching
determination written on their faces
placards screaming their message

we watched from the sidelines
as police approached from the other end
wearing awe striking Israeli riot gear
AK 47 rifles spelling out their purpose

we watched from the sidelines
as placards clashed with guns
determination fizzled into flight
and the police strolled back to base

an abandoned placard fluttered past us
its desperate message still legible:
    »please we beg you
    reduce bread price«

11. Oktober 2004

VON DER SEITENLINIE AUS

von der Seitenlinie aus sahen wir
Hunderte von ihnen marschieren
Entschlossenheit ins Gesicht geschrieben
sahen Plakate ihre Botschaft schreien

von der Seitenlinie aus sahen wir zu
wie vom anderen Ende her die Polizei anrückte
mit der Ehrfurcht gebietenden israelischen Krawallausrüstung
sahen AK 47-Knarren ihren Zweck buchstabieren

wir sahen von der Seitenlinie aus zu
wie Plakate mit Kanonen kollidierten
Entschlossenheit sich auf der Flucht verflüchtigte
und die Polizei zurück auf ihren Posten stolzierte

ein aufgegebener Anschlag flatterte uns nach
seine verzweifelte Botschaft noch lesbar:
    »bitte, wir flehen Sie an
    senken Sie den Brotpreis«

SIMBA

ungatokahadzika
kana kutoshora
kuti sei imbwa kurwira bondo
nyama kwayo iripo

chadzipa ukasha
kana kutokuvadzana
inyaya yekutaridzana samb
kwete nzara chete

ndiko kusaka
hondo zhinji panyika
dzichikwashuranwa kunge
zvengozi
ropa zhinji richideuka

POWER RELATIONS

you might wonder a little
and even be somewhat derisive
of the tendency of dogs to fight
    over a bone
when meat is plentiful

what makes the dogs growl at
    each other
and even injure one another
is a power relations game
the hunger notwithstanding

for the same reason
conflicts around the globe
are fought with devilish ferocity
blood flowing like flooded rivers

MACHTVERHÄLTNISSE

du magst dich ein wenig wundern
sogar etwas belustigt sein über den Hang
von Hunden, um einen Knochen zu kämpfen
während es reichlich Fleisch gibt

was die Hunde dazu bringt
einander anzuknurren, gar zu verletzen
ist ein Spiel um Machtverhältnisse
ungeachtet des Hungers

aus demselben Grund
werden rund um den Globus Konflikte
mit infernalischer Heftigkeit ausgetragen
flutet der Blutfluss die Flüsse

TINO BHOMBA

Mumwe akati kutaura kunononoka, zvinotoda zvibhakera,
Mumwe akati zvibhakera zvinononoka, zvinotoda matombo,
Mumwe akati matombo anononoka, zvinotoda tsvimbo,
Mumwe akati tsvimbo inononoka, zvinotoda pfumo,
Mumwe akati pfumo rinononoka, zvinotoda museve,
Mumwe akati museve unononoka, zvinotoda gidi,
Mumwe akati gidi rinononoka, zvinotoda bhomba.

Ngatitendei uyo akatipa chipo chekushandisa njere,
Zuva nezuva mutoro wedu uri kuita kunge shizha.
Pafungei kuti dai tiri kupi nhasi dai tiri kushandisa zvibhakera?

Vanofunga kuti hatina pfungwa; tinobhomba,
Vanofunga kuti hatizivi zvatinoita; tinobhomba,
Vanofunga kuti hatigoni kuronga; tinobhomba.

Tinobhomba!
Tinobhomba!
Tinobhomba!

WE BOMB

One person said talking is too slow, better use fists,
Another said fists are too slow, better use stones,
Another said stones are too slow, better use knobkerries,
Another said knobkerries are too slow, better use spears,
Another said spears are too slow, better use arrows,
Another said arrows are slow, better use guns,
Another said guns are slow, better use bombs.

We must thank Him who gave us the ability to use brains,
Everyday our task is growing lighter than a dry leaf.
Imagine; where would we be if we were still using fists?

Those who think that we have no brains; we bomb them,
Those who think that we have no direction; we bomb them,
Those who think that we cannot plan; we bomb them.

We bomb!
We bomb!
We bomb!

WIR BOMBEN

Einer sagte, reden dauert zu lange, gebraucht die Fäuste.
Ein Zweiter sagte, Fäuste sind zu schwach, gebraucht besser Steine.
Noch einer sagte, Steine sind zu schwer, gebraucht besser Keulen.
Noch einer sagte, Keulen sind zu träge, gebraucht besser Speere.
Noch einer sagte, Speere sind zu langsam, gebraucht besser Pfeile.
Noch einer sagte, Pfeile sind rückständig, gebraucht besser Gewehre.
Noch einer sagte, Gewehre sind überholt, gebraucht besser Bomben.

Wir haben Ihm zu danken, der uns die Fähigkeit gab, unser Hirn zu
    gebrauchen,
Jeden Tag werden unsere wachsenden Aufgaben leichter als
    trockenes Laub.
Stellt euch vor, wo wir wären, wenn wir immer noch unsere Fäuste
    gebrauchten?

Jene, die denken, wir hätten kein Hirn: wir bomben sie aus.
Jene, die denken, wir hätten kein Ziel: wir bomben sie aus.
Jene, die denken, wir hätten keinen Plan: wir bomben sie aus.

Wir bomben!
Wir bomben!
Wir bomben!

NOT VERY FREE

the warrior in me
rose to the occasion
springing into frenzied action
right on time
right on target

like a wounded lion
i fought with every ounce of energy
applying all methods in the book
conventional, unconventional
and even guerilla tactics

i defeated the devil
who preys on inoccent souls
whose only misfortune is
naivety, gullibility
and sheer stupidity

i conquered the demon
who if he possess you
makes you weak in the knees
in the face of images
of stuff sold on TV

i overcame the evil
i conquered the demon
i defeated the devil
i'm free at last
  free at last

but, like somebody said
it's not yet *uhuru*
as long as gadget TV
keeps spewing images
triggering more battles

NICHT BESONDERS FREI

der Krieger in mir
zeigte sich der Lage gewachsen
empfahl sich für Wahnsinnstaten
auf den Punkt genau
zur Zeit im Ziel

wie ein verwundeter Löwe
kämpfte ich mit dem letzten Quäntchen Kraft
setzte sämtliche Lehrbuchmethoden ein
konventionelle, unkonventionelle
und jeden Guerillatrick

ich schlug den Teufel
der an den treuen Seelen nagt
deren einziger Fehler
Einfalt ist, Leichtgläubigkeit
und schiere Dummheit

ich besiegte den Dämon
der, wenn er Besitz von dir ergreift
dich in die Knie gehen lässt
vor den Bildern
des Krams, der im Fernsehen verkauft wird

ich überwand das Böse
ich besiegte den Dämon
ich schlug den Teufel
schließlich bin ich frei
    so was von frei

aber wie irgendwer sagte
das ist noch nicht *uhuru*
solange das Fernsehgerät
fortwährend Bilder ausspuckt
die weitere Schlachten entfachen

RWEMUBHAWA

rwakatangira mubhawa
rukadziya
rukapisa
dzamara kufazhaira

rwakatangira mubhawa
dhora riripo
rikafamba
dzamara kupera

PUB LOVE

it started in the pub
grew warm
got hot
until boiling point

it began in the pub
dollars awash
moving fast
up to the end

WIRTSCHAFTSLIEBE

es ging in der Wirtschaft los
wurde warm
lief heiß
bis zum Siedepunkt

es begann in der Wirtschaft
dollargeflutet
schnell gedreht
zum Ende hin

BREAD QUEUES

homegrown problem
homegrown solution:

>   to cut the bread queues short
>   just cut the size of the loaf

the shorter the time spent waiting
the less the mind will think details

BROTSCHLANGEN

hausgemachtes Problem
hausgemachte Lösung:

    um die Brotschlangen zu verkürzen
    einfach den Kuchen verkleinern

je kürzer die Wartezeit
desto weniger Gedanken an Details

THATCH

These rains
So unpredictable
So unreliable
So uncertain

Very many years
So many years in a row
Many solid years of no pattern
So much suspense, until only tonight

If the rains continue like this all night
I will wait and soak with all the patience
Knowing that as it pours down heavy and strong
Tomorrow, the grass will grow tall and thick outside

If the rains continue to sock the earth
I will harvest the grass when it's time
And let the bundles dry in no big hurry at all
For, it took so very long to come around

If the rains continue and I harvest the grass
I will thatch my little hut, my life
Solid, tight and intact
So when the rains come next time
It won't leak like it's doing tonight

DACHDECKEN

Dieser Regen
So unvorhersagbar
So unzuverlässig
So ungewiss

Sehr viele Jahre
Dermaßen viele Jahre, aufgereiht in einer Zeile
Viele volle Jahre nach keinem Muster
So vieles in der Schwebe, bis heute Abend

Wenn es derart weiterregnet die ganze Nacht
Warte ich, vollgesogen mit Geduld, und
Sage mir, so schwer und stark es jetzt schüttet
Wächst morgen das Gras hoch und dicht

Schlägt der Regen weiter auf die Erde ein
Ernte ich das Gras beizeiten
Und lasse ohne jede Hast die Garben trocknen
Denn so lange dauert es, zu sich zu kommen

Wenn es weiterregnet und ich das Gras ernte
Decke ich meine kleine Hütte damit, mein Leben
Fest, beständig und ganz
So dass es, wenn der Regen wiederkommt
Nicht leckt wie heute Abend

CHAMELEON

like a chameleon
into my life
you come

i see you
in the distance
slowly, slowly
changing
colours
pace
gait

    changing

like a chameleon
i pick
the colour
for my heart

    crimson
    blood

i know
your type

CHAMÄLEON

wie ein Chamäleon
kommst du
in mein Leben

ich sehe dich
in der Ferne
langsam, langsam
Färbung
Tempo
Gangart
Wechsel

    wechseln

wie ein Chamäleon
suche ich
die Farbe
für mein Herz aus

    Purpur
    Blut

ich kenne
deine Sorte

MWOYO WANGU

Kana ndakupawo mwoyo wangu,
Ndipewo chiremera hama yangu,
Nekuti mwoyo wangu hausi dombo,
Hongu, mwoyo wangu hausi danda.

Ukaubhagamurira pasi zvisina
    mwero,
Unoita hwechirongo chawira
    paruware.

Kuzononga tumedu twacho,
Kuzoworera mvura yacho,
Kuzodzimura nyota yacho,
Chitubu chinenge chapwa.

MIND MY HEART

Now that you've won my
    delicate heart
Give me some respect, love
My heart is not stone
No, my heart is not a dead log

If you throw it around heartlessly
It will break like a clay pot
    smashed on rock

By the time you pick up the pieces
Fumble to retrieve the water
And try to quench your fiendish
    thirst
The bubbling spring will be
    completely dry

ACHTUNG, MEIN HERZ

Nun hast du mein zerbrechliches Herz gewonnen
Also zolle mir etwas Respekt, Liebling
Mein Herz ist kein Stein
Nein, und kein toter Holzklotz

Wirfst du damit herzlos um dich
Zerschellt es wie ein Tongefäß an einem Felsen

Bis du endlich die Scherben aufsammelst
Daran herumfingerst im Versuch, noch etwas zu retten
Vom Wasser und deinen bösen Durst zu löschen
Ist die sprudelnde Quelle knochentrocken

MAITIRO EPFUNGWA

(Kuna Rumbidzai)

Zvaunooona achidaro masvosve
Kuti fararira pose pose
Anoziva kwacho kwaakananga

Zvaunoona achidaro masvosve
Kuita kunge ari kupiringishana
Rimwe nerimwe riri mugwara

Zvaunoona achidaro masvosve
Kumhimhidza mavhu nemarara
Ndiko kutogadzirira ramangwana

Zvaunoona pfungwa dzangu
   kudai
Dzisiye dzipembere zvadzo
   nenyika
Richazodoka newewo
wagudzikana

FREEDOM OF THOUGHT

(For Rumbidzai)

When ants behave this way
foraging everywhere with no clear
   design
you can be sure they are not
   aimless

When you see ants behave this way
creeping around in apparent
   disorder
each one is, nevertheless, doing
   what is expected

When you see ants behave this way
heaving masses of assorted rubbish
no doubt, they prepare for
   tomorrow

When you see me pursue this line
   of thought
grant my ideas freedom of passage.
Before the day is out I shall be
   vindicated

GEDANKENFREIHEIT

(Für Rumbidzai)

Wenn Ameisen sich so verhalten
überall auf Nahrungssuche, ohne klares Muster
dann kannst du sicher sein: sie sind nicht planlos

Wenn du Ameisen sich so benehmen siehst
in scheinbarem Durcheinander umherkriechend
tut doch jede einzelne, was von ihr erwartet wird

Wenn du Ameisen sich so aufführen siehst
beim Hochwuchten jeder Menge sortierten Mülls
zweifle nicht daran: sie sorgen für morgen

Wenn du mich dieser Gedankenlinie folgen siehst
lass meine Ideen passieren.
Bevor der Tag zu Ende geht, sollte ich entschuldigt sein

ZUVA RANGU

rinodoka zuva
munguva yechando
tichiridisisa chaizvo

rinodoka zuva
munguva yechirimo
tanzwa kuneta naro

rinoenda richidzoka
rinodzoka richienda
richisiya ndangariro

ndinokutenda wepamoyo
hauiti kunge zuva
muchirimo, muchando

uri chando muchirimo
uri chirimo muchando
zuva rangu repakati nepakati

MY DAY

the sun sets
on cold winter days
and cares not that we want it to
    linger

the sun sets
during the hot dry season
taking its sweet time though we'd
    have it haste away

it comes and goes
goes and returns
leaving different memories in its
    wake

I thank you sun of my heart
you're a sun without being the sun
come heat or cold

you are my winter in the heat
my summer in winter
my temperate sun

84/85

MEIN TAG

die Sonne geht
an kalten Wintertagen unter
und lässt sich von uns nicht halten

die Sonne steht
in der heißen Trockenzeit
in süßem Nichtstun da, obwohl wir sie lieber in Eile sähen

sie kommt und geht
geht und kehrt wieder
Spuren anderer Erinnerungen in ihrer Bahn

Dank dir, meine Herzsonne
die du eine Sonne bist, nicht die Sonne
komme da Hitze oder Kälte

du bist in der Hitze mein Winter
im Winter mein Sommer
meine maßvolle Sonne

CHISO

(Kuna Tendai)

chiso chako
pandinochitarisa
zuva nezuva
ndicho chimwe

ndiko kusaka
ndisingapotsi kuziva
zuva nezuva
kuti iwe ndiwe

chiso chako
pandinochitarisa
zuva nezuva
ndinoona kusiyana

ndiko kusaka
ndichikwanisa kuziva
zuva nezuva
kuti nhasi wakafara
kana kuti wakasuwa

FACE

(For Tendai)

your face
as I gaze at it
every single day
remains the same

for that reason
as each day passes
I recognize you
with ease and facility

your face
when I gaze at it
each day
I see its various nuances

that's how
I can
day by day
tell when you're happy
and when you're sad

GESICHT

(für Tendai)

dein Gesicht
bleibt unter meinem Blick
Tag für Tag
dasselbe

nur weil
ich dich an jedem Tag, der vergeht
wiedererkenne, erleichtert
und mit Leichtigkeit

jeder Tag
mit deinem Gesicht
macht mich sehend
für seine Variablen

nur deshalb
kann ich
Tag um Tag
sagen, was du bist
glücklich oder traurig

MASHIZHA

Uchinge zviya waita rombo rakanaka
Kuva nemuti wemusasa pachivanze
Ibva waziva kuti wotochena moyo

Nekuti pachaita mwaka wegore
Nguva yekuti mazhizha anosanduka
Agooma kusara ati gwagwada

Mhepo yemwaka ichavhuvhuta
Mashizha agoti ose pasi mwarara
Chivanze chichinge paita hondo

Ukada kufunga kudzorera mashizha
Kuti arambe ari pacho paanga ari
Unoswera musoro wotenderera

Ungaziva seiko bazi rabva shizha
Kana kuti ranga rakatarisa kupi
Zvakare, ucharinamira neiko?

Mashizha achinge adonha wotochena moyo
omaunganidza, oworera kuva mupfudze.
Mangwana agova kudya kwemusasa

LEAVES ON THE TREE

If you happen to be that very blessed
To have a leafy tree in your homestead
You had better have a patient heart

There will come a season in the year
A time when the leaves will change
When they turn a dry, crispy colour

Winds of the season will blow
And the once lively green leaves fall and scatter
Leaving the ground looking like a war zone

If you think of taking the leaves back
Each one back where it came from
Come the end of day, your head will be in a dizzy spin

How would you know from which branch each leaf came
Or even the direction each was facing
More over, how do you stick them back?

When the leaves fall, let your heart be patient
And gather the leaves in some corner, where they can rot
Tomorrow they will be food for the tree

LAUB AM BAUM

Wenn du zu den Glücklichen gehörst
Die einen belaubten Baum auf dem Hof haben
Hast du besser ein geduldiges Temperament

Es kommt eine Jahreszeit
Eine Zeit, in der die Blätter sich wandeln
Ihre Färbung sich knisternd ins Trockene wendet

Jahreszeitliche Winde werden wehen
Das Laub, das mal lebendig war und grün, wird fallen und
Über den Boden verstreut liegen wie auf einem Schlachtfeld

Solltest du daran denken, die Blätter zurückzugeben
Jedes einzelne zurück dorthin, woher es kam
Wird dir am Ende des Tages alles ein einziger Schwindel sein

Woher wolltest du wissen, von welchem Zweig welches Blatt stammt
Oder gar, in welche Richtung es sah
Mehr noch, wie wolltest du sie wieder ankleben?

Wenn die Blätter fallen, bewahre Geduld
Kehre sie in einer Ecke zusammen, wo sie verrotten können
Morgen werden sie zu Nahrung für den Baum

TIRI TOSE, MWANANGU

(Kuna Kupakwashe)

ungati zvawasvika ndakapfurira jazi
uku mumusoro ndakaroverera nguwani
ukati wasvika ndava kupinda parwendo

kwete, kwete, mwanangu wekubereka
jazi nenguwani kuvharira chando kunze
chando chisapinda mukati mechifuva

ndikarega chando chichipinda mandiri
gosorwa rikazenge randimbambashira
zvinozongofanana neuya anenge asipo

ndinoda kuti tive tese panguva ino
tichidzeya nyaya, kunze nemukati
tichinzwisisana tose maonero eupenyu

shungu, tirwufambe rwendo rweupenyu
takachengetedza mumajazi emoyo yedu
remekedzo yenzira dzatinosarudza kufamba

WE'RE IN THIS TOGETHER, MY CHILD

(For Kupakwashe)

you might think, because of the trench coat
and the hat
that I'm about to set out on a journey

not so my child, flesh of my flesh
the trench coat and the hat keep the cold out
 and protect my vulnerable chest

should I but once allow the cold into my chest
and if the cough should wreck my body
I shall be as good as dead

I want us to spend this time together
talking about things, in and out
shaping a mutual understanding of life

I desire that we journey together
love and respect for the routes we travel
safely tucked away inside the trench coats of our hearts

WIR SIND ZUSAMMEN, MEIN KIND

(für Kupakwashe)

des Trenchcoats und des Hutes wegen
denkst du vielleicht
ich mache mich bereit für eine Reise

du irrst dich, mein Kind, Fleisch von meinem Fleisch
Trenchcoat und Hut halten die Kälte ab
und schützen meine empfindliche Brust

ließe ich die Kälte nur einmal in mich ein
und den Husten meinen Körper zerrütten
wäre ich so gut wie tot

ich wünsche uns diese Zeit miteinander
im Gespräch über die Dinge, drinnen und draußen
durch die wir uns ein Bild vom Leben machen

ich wünsche mir, dass wir gemeinsam reisen
Liebe und Achtung für die Routen, auf denen wir unterwegs sind
sicher verstaut in den Trenchcoats unserer Herzen

ZVAKARE

Uchiona samusha achimira-mira mumakura
Achimema zvirimwa zvake zvaakadikitira
Achinyemwerera mumoyo kuti gore rino raita
Usati upenyu hwake agutsikana nahwo hwese
Mumoyo make muzere matsito nemakoko
Mukati mechipfuva munoerera misodzi

Misodzi yevana vakatsakatikira mumasango
Vana vairwira minda isina kana akazoona
Misodzi yehama dzakatetereka nenyika
Hama dzaitsvaka raramo isina akazoona
Misodzi yehondo dzakaparadza zviroto
Hondo dzeumambo husinei neropa ravo

Uchiona mbuya vachikuchidzira shambakodzi
Kugadzirira kupakurira twuzukuru kamusuva
Vachinyemwerera mumoyo kuti gore rino raita
Usati mumoyo mavo makati dzika dzika
Mukati mechipfuva munoerera misodzi
Muhana mavo muzere marwadzo anezuro

YESTERYEAR

When you see a man at work on his land
Walking around to check his crops
A song in his heart about a better year
Don't start thinking he's got it all made
His heart is sad and heavy
And tears flood his inner soul

Tears for the children that perished in the bush
Children fighting for land that no one ever got
Tears for loved ones swallowed by the world
As they searched for greener pastures no one ever reached
Lamentations for dreams destroyed by wars
Fought in quest of power unrelated to their ancestry

When you see an old woman tending her *shambakodzi*
Preparing to share the morsels amongst her grandchildren
A song in her heart about a better year
Don't start thinking she's home and dry
Her chest is waterlogged with bitter tears
Her heart bleeds from the tribulations of Yesteryear

VORJAHR

Wenn du einen Mann auf seinem Land arbeiten siehst
Auf einem Rundgang, um den Stand des Korns zu prüfen
Mit einem Singsang über ein besseres Jahr
Glaube nicht, ihm wäre etwas geschenkt worden
Sein Herz ist Blei und im Innersten
Weint er

Tränen um die Kinder, verloren im Busch
Kinder, die um Land kämpften, das keiner jemals gewann
Tränen um die Angehörigen, von der Welt verschluckt
Als sie nach grüneren Weiden suchten, die keiner je erreichte
Klagen um Träume, von Kriegen zerstört, vom Streben
Nach Macht ihrer Herkunft entzogen, entwurzelt

Wenn du eine alte Frau sich über ihren *shambakodzi* beugen siehst
Wie sie darangeht, die Häppchen unter ihren Enkeln aufzuteilen
Mit einem Singsang über ein besseres Jahr
Glaube nicht, sie hätte es heimelig und trocken
In ihrem Brustkorb schwappen Bitterstoffe, ihr Herz
Ist eine dunkle Matrize vom Kummer des Vorjahrs

TOZOONA ANOBVUNZA

ngationekei tichine mukana
nekuti pano panowanda vanhu
tingazokonewa kusarisana kwazvo

dai riri gungano repamariro
taingoita chiverevere kuenda
hapana kana anozomboyeuka
zvino padzoka poita pamafaro
kuva pano takaita kukokwa
kudzokera takafanira kuoneka

asika, vakuru vane tsumo yavo
tsumo yavakatambidzwa kare
tsumo yekuti: aguta haaoneki

kukokwa takakokwa kumabiko
hapana akati musangano wezvenyika

saka zvataguta handei, tozoona anobvunza

WE SHALL SEE WHO ASKS

let's say our farewells while we can
there is a tendency for the numbers to grow
we might then find it difficult to take our leave

if this were a funeral wake
we would slip out quietly
and hardly anyone would notice
but this here is a happy occasion
we 're here by invitation
and, therefore, cannot sneak away

yet our elders have a saying
one handed down through the generations
one that says: when you've had your fill sneak away

our invitation was to a party –
no one told us it was a political party
but now that we've had our fill let's go

it will be interesting to see who asks

WIR WERDEN SEHEN, WER FRAGT

lasst uns Auf Wiedersehen sagen, solange wir können
Zahlen pflegen in die Höhe zu streben, vielleicht
finden wir es dann schwierig, unseren Abschied zu nehmen

wenn dies eine Totenwache wäre
würden wir leise hinausschlüpfen
und kaum jemand würde es bemerken
aber das hier ist ein glücklicher Anlass
wir sind geladene Gäste
und können nicht einfach verschwinden

dennoch, unsere Alten kennen eine Redensart
eine seit Generationen überlieferte, die soviel sagt wie:
wenn du deinen Teil hattest, verschwinde ganz leise

unsere Einladung galt für eine Gesellschaft
– niemand hat gesagt, für eine, mit der man Staat machen kann –
aber jetzt hatten wir unseren Teil, also lasst uns gehen

es wird interessant sein zu sehen, wer nach uns fragt

MAGUMO

ndinonzwa kukahadzika mumoyo
kunzwa kushushikana mupfungwa
kunzwa kudzungaidzika mumweya

haisi nyaya yekuti ndapinda pamateru
nekuti materu unogona kukiya-kiya
handiti ndiko kusaka takafunga zvemabhiriki?

haisi nyaya yekuti ndasangana nemakata
nekuti makata unogona kuita zvekusimukira
handiti ndiko saka tichiti: ›sunga dzisimbe‹?

ndinonzwa kudzungaidzika mupfungwa
nekuti rwendo rwuya rwachizopera
makata nemateru asvika pamagumo

zviri seri ndizvo zvisina muzivi
makata nemateru haana chaanoziva
kunze kwepaanotangira nepaanogumira

THE END

my heart is bewildered
my thoughts are troubled
and my spirit is in a turmoil

it's not about the slippery down slope struggle
speed can always be adjusted
wasn't it for just such things that we invented brakes?

it's not because my journey is an uphill struggle
when slopes are steep you rise and cycle harder
is this not the reason for saying, ›tighten your belt?‹

I feel a sharp trepidation in my mind
now that the journey has come to an end
and the slippery slopes and tortuous climbs are over

the future remains reticent
the slippery slopes and tortuous climbs
know only their own beginning and end

DAS ENDE

Herzgestolper
Gedankentrubel
Aufruhr im Kopf

nicht gegen den Krampf am glatten Abhang
Geschwindigkeit kann jederzeit gedrosselt werden
haben wir nicht genau dafür Bremsen erfunden?

nicht, weil meine Fahrt ein Aufstiegskampf wäre
am Steilhang geht es bergan, trittst du nur härter in die Pedale
sagt man nicht darum: »Reiß dich zusammen«?

ich fühle die Angstzange in aller Schärfe
nun, da die Reise zu Ende geht und Abhangglätte
wie Serpentinenhöhe Vergangenheit sind

die Zukunft bleibt schweigsam
die glatten Abhänge und gewundenen Anstiege
allein kennen ihren Anfang und ihr Ende

KUMUSHA

(Kuna baba Vashe C. D. Chirikure)

Mukanzwa mukuru otaura
Oti ava kuda kudzokera kumusha
Tambirai chido chake nemoyo wese
Momurongera adzokere kumatongo

Mukanzwa mukuru otaura
Zivai kuti chishuvo chanyanya
Chishuvo chemhepo inovhuvhuta
Mhepo inounza rudekaro mumoyo

Mukanzwa mukuru otaura
Yeukai kuti shungu dzanyanya
Shungu dzemazwi anotsinhanha
Mazwi evasharukwa mumatare

Mukanzwa mukuru otaura
Rangarirai kuti hazvisi nyore
Kusimudza nyama nemweya
Kwakabviwa, naipo pacho paari

Mukanzwa mukuru otaura
Oti ava kuda kudzokera kumusha
Tambirai chido chake nemoyo wese
Momurongera adzokere kumatongo

LONGING FOR HOME

(For my father, Chief C. D. Chirikure)

When you hear a respected elder
Express deep yearnings for home
Accept his inner feelings with warmth
And help him return to familiar old places

When you hear a venerable old man reminisce
Know that his longings are profound
He pines for the breezes of the home of his boyhood
Breezes that lull his heart into a sweet calmness

If you should hear an august old man's soliloquy
Understand that his desires are intense and immediate
He longs to hear the sound of voices in harmony
The voices of his peers – wise elders in counsel

Whenever you should hear him speak
Just remember that it's not easy
To rouse flesh and spirit sufficiently
For the change, home and away

When you hear an old man's insistent words
About the home he must return to
Accept his inner feelings with warmth
And help him return to familiar old haunts

HEIMLANGEN

(für meinen Vater, Häuptling C. D. Chirikure)

Hörst du einen geachteten Alten
Über seine große Sehnsucht nach Zuhause sprechen
Nimm seine Gefühle mit Wärme auf und hilf ihm
An die altvertrauten Orte zu gelangen

Hörst du einen ehrwürdigen alten Mann sich erinnern
Wisse: es kommt aus der Tiefe, es zieht ihn nach
Den Brisen der Heimat, die es in seiner Jungenzeit gab
Lullende, linde Brisen, die ihn zur Ruhe kommen lassen

Solltest du einen erhabenen Alten mit sich selbst
Reden hören, verstehe die Dringlichkeit seines Wunschs
Ihm fehlt der Einklang der Stimmen, der Stimmen
Der Seinen – weiser Alter bei der Beratung

Wann immer du ihn reden hörst
Denke daran, dass es nicht leicht ist
Fleisch und Geist wach genug für den Übergang
Zu halten, zuhause und weit davon entfernt

Hörst du einen alten Mann immer wieder darauf
Zurückkommen, wohin er gehen muss
Nimm seine Gefühle mit Wärme auf und hilf ihm
Heimzukommen zu den vertrauten, heimgesuchten Orten

BEIM WIEDERERKENNEN EIGENER SCHATTEN

Wie universell ist Poesie? Wie verständlich, wie nahbar auch kann sie sein, wenn sie aus einem weit entfernten Teil der Welt kommt, einem Sprachraum, dessen Erlebenshintergrund dem eigenen fremd ist? Der Traum von einer möglichen Überwindung der Aufspaltung und Isolation menschlicher Existenz, wie er sich im Mythos vom Turmbau zu Babel gespiegelt findet, in der Legende von der einen Wurzel aller Sprache, ist sicher eine der Antriebsfedern von Dichtung. Die des Lesers ist die Begegnung mit einer Wirklichkeit, die so weder durch Tourismus noch durch mediale Aufbereitungen und Verkürzungen vermittelt wird. Eher schon durch Reisen, die echte Entdeckungen versprechen, in ein Gebiet, in dem das Vertraute anders klingt und das Unvertraute nicht so sehr etwas noch nie ins Blickfeld Gerücktes wäre als vielmehr die Tatsache, dass man ihm so selten ins Auge sieht. Die Wirklichkeit in Simbabwe, der Heimat von Chirikure Chirikure, wird bestimmt von Arbeitslosigkeit und Hunger, die einstige »Kornkammer Afrikas« ist heute, drei Jahrzehnte nach Erringen der Unabhängigkeit, eines der ärmsten Länder des Kontinents, ausgezehrt von Dürreperioden und der Willkür einer politischen Kaste, die entweder über dem Erhalt der eigenen Macht korrupt geworden oder, in ihren demokratischen Teilen, noch nicht in der Lage ist, die alten Strukturen so weit aufzubrechen, dass schon von einem Neubeginn die Rede sein könnte.

Was der Bevölkerung nach chaotischen Landreformen, Hyperinflation und Gewaltakten seitens des Mugabe-Regimes – wie zum Beispiel der Murambatsvina, der gewaltsamen »Müllentsorgung«, die im Jahr 2005 rund 700.000 Menschen obdachlos machte – bleibt, ist dennoch mehr als die Hoffnung auf den Mildtätigkeitsablass der europäischen Industrienationen und ihrer Entwicklungshilfeprogramme. Es ist die Besinnung auf das eigene Erbe, das vor der kolonialen Enteignung und Bevormundung seine Kraft in einer eigenständigen Kultur entfaltete, die den Völkern Simbabwes ihre Stimme gab.

Diese Eigenständigkeit markiert in den Gedichten Chirikures schon seine Entscheidung für das Shona. Selbstbewusst schreibt er in der wichtigsten autochtonen Sprache in Simbabwe, nicht in der Kolonialsprache Englisch, das hier in den Übertragungen des Dichters Chenjerai Hove als Mittlersprache auftritt. Die deutschen Fassungen sind demnach ein »zweites Echo« der Originale, deren großer klanglicher Lebendigkeit und mitreißender Rhythmik man in den Lesungen Chirikures begegnet. Die diesen Band flankierenden Aufnahmen von Gedichteinlesungen eröffnen somit einen wichtigen, ja eigentlich unverzichtbaren Aspekt der Annäherung an das Werk. Das erschließt sich jedoch auch gerade über seine berückende Andersartigkeit. Ohne jemals »exotisch« zu sein, lässt es Landschaften vor dem inneren Auge erstehen, dörfliche und urbane Lebenswelten, aber auch solche, in denen der Löwe noch wohnt, sei es als selbstverständlicher Teil heimischer Fauna, als vieldeutiges Bild, aktuelle Konnotionen weckendes Sprichwort oder als Element einer Sagen- und Märchenwelt, in der die kulturelle Identität Simbabwes lebendig geblieben ist. Tänze wie der Muchongoyo oder Kinderspiele wie Mutserendende gewinnen Gestalt in Gedichten, die, während sie dem europäischen Leser noch das Fremde, Ferne zeigen, es schon in die Nähe rücken, denn ohne je auch nur einen Munhanzvabaum gesehen zu haben, ist doch das Kind, das auf dem Stamm hangabwärts schlittert, eines, in dem er sich wiedererkennen kann. Dass auch in Simbabwe leidenschaftlich Ball, besonders Fußball, gespielt wird, wird zum Ausgangspunkt eines weiteren Gedichts, das in der Figur des spielenden Jungen die Jugend einer ganzen Gesellschaft sichtbar und fühlbar macht – mit all der jugendlichen Kraft, aber auch mit deren Unbeständigkeit und leichtsinnigen Unerfahrenheit. Von Europa aus gesehen schwer vorstellbar sind dagegen die Lebensbedingungen unter dem Vorzeichen eklatanten Mangels. Unsentimental, in knappen, klaren Versen, weckt Chirikure dafür eine neue Sensibilität, wie zum Beispiel in *Auswahl*, wo die menschliche Hand zum Sinnbild dessen wird, das in seiner individuellen Ausprägung doch überall gleich ist: das Bedürfnis nach Nahrung. Mitverantwortlich für den Mangel am Notwendigsten sind immer noch postkoloniale Strukturen, was ihn zu etwas macht, das uns in Europa nach wie vor zu bewegen, zu involvieren hat, sind es doch die Schatten unserer Geschichte, die wir hier wiedererkennen. Doch zugleich gilt es, diese Missstände als etwas zu erkennen, das im Sinne ihrer hart erkämpften Souveränität von den Völkern Afrikas selbst zu bewältigen sein wird, das heißt: unabhängig von neuen europäischen Vereinnahmungen. Immer wieder verweisen die

Gedichte auf diese Selbstverantwortung, auf die Pflicht und auf die Fähigkeit, das eigene Schicksal in die Hand zu nehmen. So bilden die Gedichte, in denen Chirikure die jüngere Geschichte nach dem Unabhängigkeitskrieg und die politischen Verhältnisse seiner Heimat in den Blick nimmt, wohl das Herzstück seiner Arbeit. Mal von beißender Ironie wie in *Das Volk*, dann wieder voller Trauer und Mitgefühl für die Opfer von Gewalt und Not wie in *Vorjahr*, mitunter fast prophetisch im Ton wie in *Verkündigung* stimmt der Dichter einen Gesang an, der erinnern, vor allem aber ermutigen soll, aus den alten Schatten heraus zu treten, und hinein in eine Freiheit der Verantwortung, in der es Aussicht auf solche gibt, deren Form man selbst bestimmt.

Sylvia Geist

ANHANG

imi amai: Shona, wörtlich: du Mutter
muchongoyo: traditioneller Shona-Tanz
munhanzva: autochtones Gewächs (Pouzolzia hypoleuca) des
südlichen Afrika; die Blätter kommen in der Heilkunde u. a. bei
der Wundbehandlung zur Anwendung
sekuru: Großvater
shambakodzi: traditioneller Tontopf, in dem auf Holzfeuer sadza
zubereitet wird, ein in Zimbabwe bekanntes Gericht aus Maismehl
und verschiedenen Gewürzen
uhuru: Freiheit, Unabhängigkeit (Swahili)

Seite 64
© Originally published in a different format as *Mutoro wareruka* in,
Chirikure Chirikure, *Rukuvhute*, (1994) College Press Publishers,
Harare. (This performance version, © 2004.)
© Translation from Shona by Chirikure Chirikure (2005)

CHIRIKURE CHIRIKURE

1962 in Gutu in Zimbabwe geboren, ist heute einer der bekanntesten Dichter und Performer seines Landes. Aus einer Familie christlicher Lehrer stammend lernte er sowohl die biblischen Geschichten wie auch den Ahnenkult seines Volkes, der Shona, kennen. Chirikure studierte in Harare Religions-, Literatur- und Geschichtswissenschaften und trägt seine gesellschaftskritischen, satirischen und die Identität Afrikas beschwörenden Gedichte bei seinen Auftritten in Shona und auf Englisch vor, oft zusammen mit Musikern. *Aussicht auf eigene Schatten* ist die erste Buchpublikation Chirikures auf Deutsch.

SYLVIA GEIST

geboren 1963 in Berlin, veröffentlichte Gedichtbände, u.a. *Vor dem Wetter* (Luftschacht 2009) sowie Prosa, zuletzt den Erzählband *Letzte Freunde* (Luftschacht, 2011). Sie erhielt mehrere Auszeichnungen, darunter den Lyrikpreis Meran (2002), ein Aufenthaltsstipendium im Künstlerhaus Edenkoben (2006) und die Adolf-Mejstrik-Ehrengabe der Deutschen Schillerstiftung (2008). Sylvia Geist lebt als freie Autorin und Übersetzerin (John Ashbery, Peter Gizzi u.a.) in Hannover und Vancouver.

INDRA WUSSOW

Indra Wussow studierte Literaturwissenschaft, lebt in Johannesburg/
Südafrika und auf Sylt. Sie arbeitet als Autorin, literarische Übersetzerin
und Kuratorin für verschiedene internationale Institutionen. 2002 grün-
dete Indra Wussow auf Sylt die von ihr geleitete Stiftung kunst:raum sylt
quelle, die mit Stipendien, Ausstellungen, Aufführungen und Veröffent-
lichungen zeitgenössische Künstler/innen und Schriftsteller/innen un-
terschiedlicher Nationen sowie den Dialog zwischen Wissenschaft und
Kunst fördert. 2008 eröffnete die Stiftung eine Dependance in Johannes-
burg, das Jozi art:lab.
Seit 2009 gibt sie die Reihe AfrikAWunderhorn mit zeitgenössischer
afrikanischer Literatur in deutschen Erstübersetzungen heraus.
»*Der politische und gesellschaftliche Wandel in vielen afrikanischen
Ländern bringt literarische Themen und Formen und sogar eine neue
Literatur hervor, die nicht nur als solche Interesse weckt, sondern un-
seren Gesellschaften in Europa Neues erzählen kann. Auch über uns
selbst.*« (Indra Wussow)

AFRIKA WUNDERHORN

2010 erschienen in der
Reihe für zeitgenössische afrikanische Literatur
Herausgegeben von Indra Wussow

Lebogang Mashile	K. Sello Duiker	Shimmer Chinodya
Töchter von morgen	*Die stille Gewalt*	*Zwietracht*
Gedichte	*der Träume*	Roman
Deutsch-englische Ausgabe	Roman	Aus dem zimbabwischen
Aus dem Englischen	Aus dem Englischen	Englisch von
von Arne Rautenberg	von Judith Reker	Manfred Loimeier
ISBN 978-3-88423-340-5	ISBN 978-3-88423-339-9	ISBN 978-3-88423-350-4

»*Sanft und gelassen, zornig und ungeschminkt, sehr musikalisch. Wundervoller Sound einer starken südafrikanischen Tochter von morgen.*«
WDR

»*Die Sprache von K. Sello Duikers Roman ist einfach, direkt, gelegentlich ungeschliffen. Die Tonlage erinnert an große Romane der Pop-Literatur ... Eine Entdeckung.*«
Die Tageszeitung

»*Als wäre man beim Lesen auf Trampelpfaden in Zimbabwes Buschland unterwegs: Man verirrt sich leicht, wenn man sich nicht auskennt. Aber wenn man den Pfaden zu folgen versteht, lernt man das Land und seine Menschen besser kennen.*« SWR 2

Bitte fordern Sie unser Verlagsverzeichnis an:
Verlag Das Wunderhorn, Rohrbacher Straße 18, 69115 Heidelberg
www.wunderhorn.de

AFRIKA WUNDERHORN

2011 erscheinen

Mark Behr
Wasserkönige
Roman
Aus dem Englischen
von Michael Kleeberg
ISBN 978-3-88423-370-2
Erscheint im August 2011

Imraan Coovadia
Gezeitenwechsel
Roman
Aus dem Englischen
von Indra Wussow
ISBN 978-3-88423-371-9
Erscheint im Juni 2011

»*Man spürt den Geist
Tschechows und wird an
seinen ›Kirschgarten‹ erinnert.
Dieser Roman berührt wie
kein anderer südafrikanischer
der letzten Jahre.*«
Christopher Hope,
THE GUARDIAN

»*Ein kluges Buch voll
provozierender Einblicke.*«
Vikas Swarup, Autor von
»Slumdog Millionaire«

Bitte fordern Sie unser Verlagsverzeichnis an:
Verlag Das Wunderhorn, Rohrbacher Straße 18, 69115 Heidelberg
www.wunderhorn.de